Estampes Anciennes

DES ÉCOLES ANGLAISE ET FRANÇAISE
DU XVIIIe SIÈCLE

PORTRAITS

FÉVRIER 1906

COMMISSAIRE-PRISEUR

Me **MAURICE DELESTRE**, 5, rue Saint-Georges

EXPERT

M. LOUIS BIHN, 61, rue La Boëtie
Assisté de ses fils **PAUL** et **HENRI BIHN**

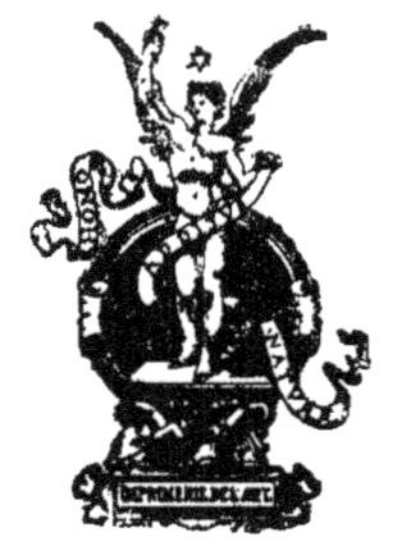

CATALOGUE

DES

Estampes Anciennes

Des Écoles Anglaise et Française

DU XVIIIe SIÈCLE

PORTRAITS

Dont la vente aura lieu

HOTEL DROUOT, SALLE N° 10

Le Jeudi 15 et Vendredi 16 Février 1906

A DEUX HEURES

COMMISSAIRE-PRISEUR

Me **MAURICE DELESTRE**, 5, rue Saint-Georges

EXPERT

M. LOUIS BIHN, 61, rue La Boëtie

Assisté de ses fils **PAUL** et **HENRI BIHN**

CONDITIONS DE LA VENTE

La vente sera faite expressément au comptant.

Les adjudicataires paieront *dix pour cent* en sus des enchères.

L'expert se réserve, dans l'intérêt de la vente, de réunir ou diviser les lots ; il remplira, aux conditions d'usage, les commissions que voudraient lui confier les amateurs ne pouvant assister à la vente.

L'ordre numérique du Catalogue sera suivi.

N. B. — Sauf indication contraire, les gravures sont en bon état.

EXPOSITION PARTICULIÈRE

Chez M. Louis BIHN, 61, rue La Boëtie, du lundi 12 au mercredi 14 février 1906, de neuf heures du matin à sept heures du soir.

ORDRE DES VACATIONS

Le Jeudi 15 Février 1906

Estampes . . . . 1 à 127
Portraits. . . . . 266 à 312

Le Vendredi 16 Février 1906

Estampes . . . . 128 à 265
Portraits. . . . . 313 à 353

Paris. — Imprimerie de l'Art, E. MOREAU ET Cⁱᵉ, 41, rue de la Victoire.

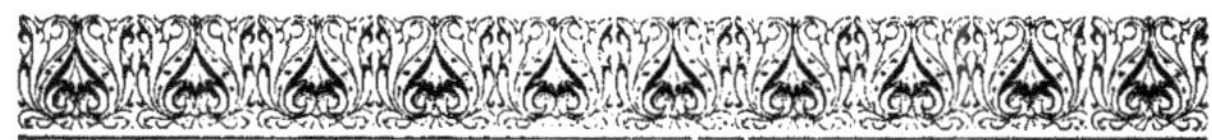

DÉSIGNATION

ADRESSES, MENUS, DESSUS DE BOITES, ETC.

1 — *Cahier*, orfèvre du Roi. — *Giroux*, du Coq-Honoré.
A Saint-Philippe, etc.
Six pièces.

2 — *Tessier*, succ^r de Lemonnier. — *Prevost*, marchand
de tabac. — *Robert*, drapier, etc.
Quatre pièces.

3 — *Album* contenant environ cent quarante pièces,
litho., aquatintes, etc. Scènes de mœurs, Costumes,
Vues, d'après Vernet, Bellangé et autres.

4 — *Dessus de boîtes.*
Quatorze sujets collés sur une feuille.

5 — *Dessus de boites.*
Douze sujets collés sur une feuille.

6 — *Dessus de boîtes.*
Quatorze pièces en sanguine et en noir.

7 — *Fleurons*, pour ouvrages du xviiie siècle.
Quatorze pièces.

8 — *Fleurons et vignettes*, pour ouvrages des xviiie et
xixe siècles.
Seize pièces.

9 — *Menus, cartes d'invitations*, etc.
> Trente-six pièces.

10 — *Menus* n'ayant jamais été utilisés.
> Quarante-six pièces.

11 — *Lot* de papier de couleurs ancien.

12 — *Solennité des mariages célébrés, suivant l'intention du Roi, par la Ville de Paris*, etc., par Tardieu, d'après Cochin.

13 — *Sujets Empire.*
> Quinze pièces, imprimées en couleurs.

CARICATURES

14 — *Album* contenant environ soixante pièces, par Daumier, Pigal, Traviés, etc., beaucoup coloriées.

BON GENRE

15 — *La Caninomanie. — Le Troubadour jouant de six instruments.*
> Quatorze pièces de la suite, coloriées.

DAUMIER (H.)

16 — *Robert Macaire*, Nos 1, 2, 5, 7, 8, 18, 19, 24, 37 et 47.
> Dix pièces coloriées.

17 — *Croquis d'expressions. — Double faces. — Les Beaux Jours de la vie. — Croquis de chasse*, etc.
> Vingt pièces dont quelques-unes coloriées.

MONNIER (Henri)

18 — *Mœurs administratives* dessinées d'après nature.

Suite de six pièces coloriées. A toutes marges très belles, manque le titre.

19 — *Passe-Temps, victime de l'ancien système. — Les Antipodes*, etc.

Douze pièces coloriées.

MONNIER (Henri) et AUTRES

20 — *Pasquinade.*

Six pièces coloriées (la légende **du** n° 3, de la République, est restée célèbre).

PHILIPON (Ch.)

21 — *Métiers de Paris.*

Sept pièces coloriées.

PIGAL

22 — *Scènes de Société.*

Vingt pièces de la suite, coloriées, très belles.

23 — *Mœurs parisiennes. — Scènes populaires.*

Quatorze pièces coloriées.

TRAVIÉS (C.-J.)

24 — *Mayeux.*

Soixante-deux pièces d'une suite en réduction.

BYRON (G.)

25 — *Inn yard at Calais*, par Stadler.

GILBRAY (J.)

26 — *Habits of the new French legislators and other public functionaries.*

Suite de douze pièces coloriées, représentant, dans des costumes de fonctionnaires français, les principaux; personnages de l'opposition anglaise.

COSTUMES

27 — *Costumes de modes.*

Seize gravures d'Almanachs, par Chodowiecki et autres.

BELLANGÉ

28 — *Costumes militaires.*

Quarante lithographies coloriées et en noir.

CHALON (J.-J.)

29 — *Costumes of Paris.*

Douze pièces sur vingt quatre, couverture, coloriées. Rare.

INCROYABLES (Pièces sur les)

30 — *Retour incroyable. — Réponse incroyable.*

Deux pièces faisant pendants.

31 — *La Danse incroyable. — Les Effroyables.*

Deux pièces faisant pendants.

ÉCOLE ANGLAISE

EARLOM (R.)

32 — *A fish market*, d'après Snyders, manière noire.

LAWRENCE

33 — *Mrs. Siddons.*
  Epreuve du 1ᵉʳ état rehaussée de couleurs.

MERCIER

34 — *Le Midi. — Le Minuit*, par Negges.
  Deux pièces, manière noire, faisant pendants.

35 — *Le Printemps. — L'Automne*, par Negges.
  Deux pièces faisant pendants, manière noire.

MORLAND

36 — *La Chasse du lièvre. — La Chasse du canard. —
La Chasse du faisan*, etc.
  Six pièces faisant pendants, par Suntach.

PYNE

37 — *Scènes de la vie rurale.*
  Vingt-quatre pièces.

STOTTHARD

38 — *L'Appel. — Juliet refuses to marry Paris*, etc.
  Onze pièces.

ZOFFANY

39 — *Charlotte, queen of great Britain. — George the third*, par Houston.
> Deux pièces, manière noire, faisant pendants.

40 — *Virtue directed by prudence to honor. — Clio et Calliope*, etc.
> Huit pièces.

ÉCOLE FRANÇAISE

ALIBERT (Chez)

41 — *Le Sommeil interrompu.*

AUBRY ET BOREL

42 — *Le Mariage rompu. — Le Mariage conclu*, par De Launay.
> Deux pièces faisant pendants.

BAT (J.-F.)

43 — *Manon Lescaut.*
> Petite pièce ovale imprimée en couleurs.

BAUDOUIN (P.-A.)

44 — *La Sentinelle en défaut*, par N. De Launay. (B. 44.)

45 — *Le léger Vêtement*, par Chevillet. (B. 28.)

46 — *L'Épouse indiscrète*, par N. De Launay. (B. 21.)

47 — *Le Fruit de l'Amour secret*, par Voyez junior. (B. 23.)

48 — *Les Soins tardifs*, par N. De Launay. (B. 45.)

BINET

49 — *La Solitude agréable.* — *Le Chasseur.* — *Le Plaisir de la Péche*, par Testolini.

    Trois pièces faisant pendants.

BLAIZOT

5o — *Le Matin.* — *Le Midi.* — *Le Soir.* — *La Nuit*, par Renard.

    Quatre pièces faisant pendants.

BLANCHET ET LAMBERT

5 1 — *Estelle et Némorin*, par Legrand.

    Deux pièces imprimées en couleurs.

BOISSIEU (J.-J.)

5 2 — *Suite de dix Paysages.* — *Le Moulin de Ruysdael,* etc.

    Douze pièces.

53 — *Études de Têtes.*

    Quatorze pièces. Rare.

54 — *Pie VII sur la Saône, à Lyon, le 27 avril 1805.* — *Vue près Saint-Chamont-en-Forêt,* etc.

    Cinq pièces.

BOUCHER (Fr.)

55 — *Jeune Nourrice*, par Demarteau. (495.)

56 — *Vénus et l'Amour*, par Demarteau. (21.)

57 — *Amours.* — *Moutons*, par Demarteau. (1, 12, 57.)

BOUCHER (Fr.)

58 — *La Sainte Famille*, par Demarteau. (122, 170, 191.)
Trois pièces.

59 — *Fermière et ses Enfants.* — *Tête de Jeune Fille*,
par Demarteau (81, 89) et un dessin.
Trois pièces.

60 — *Vénus*, par Demarteau. (45, 74.)
Deux pièces.

61 — *Le Petit ménage.* — *La Bohémienne*, par Demarteau. (43, 44, 58.)
Trois pièces.

62 — *Têtes de Jeunes Filles*, par Demarteau. (3, 14.) —
Soldat, par Bonnet.
Trois pièces.

63 — *Les Quatre Saisons.*
Suite de quatre pièces, par Duflos.

64 — *Les Quatre éléments.*
Suite de quatre pièces, par Duflos.

65 — *Groupe d'Enfants*, par Huquier, Larue.
Cinq pièces.

66 — *L'Air.* — *La Terre.* — *L'Eau.*
Trois pièces faisant pendants, par Daullé.

67 — *Fête de Bacchus.* — *Le Pêcheur.* — *La Ménagère*,
par Huquier, Duflos, etc.
Cinq pièces.

68 — *Les Fruits du ménage.* — *Sujets pastoraux divers*,
par Vasseur, Huquier.
Cinq pièces.

BOUCHER (Fr.)

69 — *La Curiosité chinoise. — Musique chinoise à clochettes*, par Ingram.

>Six pièces.

70 — *Vue d'après nature. — Abreuvoir d'oiseaux. — Le Dévot hermite*, par Basan, Chedel.

>Trois pièces.

71 — *Vue des environs de Beauvais. — Seconde Vue de Beauvais*, par Le Bas.

>Deux pièces faisant pendants.

72 — *Seconde Vue des environs de Charenton. — Le Repos champêtre. — Cour de ferme*, par Ryland, Le Bas.

>Trois pièces.

73 — *Le Magnifique*, par de Larmessin.

74 — *La Poésie satyrique. — La Poésie épique*, par Duflos.

>Deux pièces faisant pendants.

75 — *La Souffleuse de savon. — La Marchande d'œufs. — La Vendangeuse*, par J. Daullé.

>Trois pièces.

76 — *Les Plaisirs de l'été. — La Baigneuse surprise*, par Daullé.

>Deux pièces.

77 — *Les Amants surpris*, par R. Gaillard.

78 — *La Belle cuisinière*, par Aveline.

79 — *Les Amours pastorales. — Les Confidences pastorales*, par Duflos.

>Deux pièees faisant pendants.

BOUCHER (Fr.)

80 — *Repos de Diane.* — *Étude de Femme*, par Pelletier et Fessard.
Deux pièces.

81 — *Jupiter et Léda*, par Ryland.

82 — *Les Grâces au bain*, par Ryland.

83 — *Vénus sur les eaux.* — *La Naissance d'Adonis.* — *La Mort d'Adonis*, par Le Vasseur, Scotin et Surugue.
Trois pièces.

BRICEAU (Angélique)

84 — *Joseph Chalier*, imprimé en couleurs.
Rare.

CARESME

85 — *Danse flamande*, par Le Grand.
Imprimé en couleurs.

86 — *Le Réveil du Carlin*, par Carré.

CAZES

87 — *Les Quatre Saisons*, par Desplaces.
Quatre pièces. Marges.

CHALLE

88 — *Le Rocher de la Meillerie*, par Le Grand.

CHARDIN (J.-B.-S.)

89 — *La Pourvoyeuse*, chez de Noyers. (B. 45.)

90 — *La Ratisseuse*, chez Daumont. (B. 46.)
Etat non décrit.

CHARDIN (J.-B.-S.)

91 — *Les Tours de Cartes*, par Surugue fils. (B. 51.)

92 — *Le Garçon cabaretier*, par C.-N. Cochin. (B. 22.)
— *La Gouvernante*, par Lépicié. (B. 24.)
Deux pièces.

CHEREAU (Chez)

93 — *Le Matin. — La Nuit.*
Deux pièces faisant pendants.

CHEVALIER

94 — *Le Peintre amoureux de son modèle*, par Michel.

CLERMONT

95 — *Le Poète*, par Demarteau. (445.)

COCHIN (C.-N.)

96 — *La Charmante Catin*, par Mad. Cochin.

COUTELLIER (F.)

97 — *Joseph Menier, acteur.*
Pièce ovale, imprimée en couleurs.

COYPEL (Ch.)

98 — *La Folie pare la décrépitude des ajustements de la jeunesse. — Le Berger Daphnis et une autre.*
Trois pièces.

99 — *L'Air grave que je fais paraître, etc. — Cupidon vient au secours de Psyché.*
Quatre pièces.

DANDRÉ-BARDON

100 — *L'Enfance*, par Balechou. — KRAUSS, *le Chaudronnier*.

>Deux pièces.

DEBUCOURT

101 — *Le Menuet de la Mariée.*

>Imprimée en couleurs, remargée sur trois côtés, encadrée.

102 — *Elle est prise.*

103 — *Les Petits Messieurs. — Les Oranges.*

>Deux pièces coupées et montées à la manière de dessins.

104 — *Les Petits Messieurs.*

>Ancienne contrefaçon anglaise imprimée en couleurs, coupée.

105 — *La Coquette et ses filles.*

106 — *Les Visites.*

107 — *Les Gastronomes affamés. — La Fin des gastronomes.*

>Deux pièces en couleurs.

108 — *Chef de Brigands.*

109 — *Une Ambulance*, d'après Bellangé.

110 — *Rebelles tuant un prisonnier*, d'après Webster.

DE FRAISNE (J.)

111 — *L'Acte d'humanité*, par De Launay.

DEROSIER

112 — *Le Modèle disposé. — La Tasse de thé*, par Provot.

>Deux pièces faisant pendants, imprimées en couleurs.

DE TROY (J.-B.-F.)

113 — *A quel dessin, aimable enfant ?* etc. — *La Lecture.* — Coypel, *Galatée.*

> Trois pièces.

DOW (G.)

114 — *La Liseuse.* — *La Devideuse,* par J.-G. Wille.

> Deux pièces faisant pendants.

DUGOURE

115 — *Roxelane,* par Le Beau.

DUMÉNIL

116 — *Le Cerf-volant.* — *La Poupée et le Volant.*

> Deux pièces, par de Favannes.

117 — *La Dame de charité.* — *Le Prêtre du cathéchisme,* par Cl. Tournay.

> Deux pièces.

DUMONT LE ROMAIN

118 — *Croissez, tendres enfants.* — Debatre, *La Route du Monde.* — Bonnart, *Quoi donc, vous méprisez ma flâme,* etc.

> Trois pièces.

DUVIVIER

119 — *Grâce au ciel, il me reste encore deux bras,* etc., par de Machy.

> Epreuve imprimée en couleurs.

ÉCOLE FBANÇAISE

120 — *La Jeune Épouse, oui, c'est elle.* — *Le Papayer de Virginie,* etc.
>   Quatre pièces en couleurs.

EISEN (Ch.)

121 — *Le Matin.* — *Le Soir,* par De Longueuil.
>   Deux pièces faisant pendants.

122 — *Les Plaisirs champêtres,* par De Longueil. — *L'Automne.*
>   Remargée, deux pièces.

123 — *Les Désirs satisfaits,* par Patas.

124 — *L'Été.* — *L'Automne,* par De Longueil.
>   Deux pièces faisant pendants.

125 — *L'Amour assortit les bergers.* — *Ah! Monseigneur,* etc.
>   Deux pièces, par Patas et de Ghendt.

126 — *La Comète,* par Le Bas.

127 — *La Malice enfantine,* par N. Dupuis.

FRAGONARD (Honoré)

128 — *Les Beignets,* par de Launay.

129 — *La Fontaine d'amour,* par Fr. Regnault.

130 — *Contes de La Fontaine,* par Dambrun, Tillard, Patas, etc.
>   Six pièces de la suite.

131 — *Le Verrou,* par Blot.
>   Belle épreuve. Remargée.

132 — *L'Armoire,* par lui-même.

133 — Cinq eaux-fortes, par et d'après Fragonard, pour illustrer le voyage en Italie.

FREUDEBERG (S.)

134 — *La Gaieté conjugale*, par N. de Launay.
   Remargée.

GÉRARD (Mlle)

135 — *Les Premières caresses du jour*, par H. Gérard.

136 — *Les Regrets mérités*, par N. de Launay.

GÉRICAULT

137 — *Études de chevaux.*
   Six lithographies en noir.

GILLOT

138 — *Dessus de clavecin*, par le comte de Caylus.

GRAVELOT (H.)

139 — *Costumes.* — VLEUGHELS, *Mort de Creuse*, par
   E. Jeaurat.
   Deux pièces.

GREUZE (J.-B.)

140 — *Bacchante.* — *Artémise*, par B. de La Richar-
   dière.
   Deux pièces faisant pendants.

141 — *La Cruche cassée*, par Massard.

142 — *La Tricoteuse endormie*, par C.-D. Jardinier. —
   La Devideuse, par Flipart.
   Deux pièces faisant pendants.

143 — *La Vertu chancelante*, par J. Massard.

GREUZE (J.-B.)

144 — *Jeune Paysanne*, par F. Beauvarlet. — *Annette*, par Joubert.
>Deux pièces.

145 — *Annette et Lubin*, par L. Binet.
>Trois pièces.

146 — *La Marchande de Marrons*, par Beauvarlet.

147 — *La Mère en courroux.* — *Le Repentir*, par Moitte.
>Deux pièces.

148 — *Le Petit Polisson*, par Le Vasseur. — *Le Fils puni*, etc.
>Cinq pièces.

149 — *La Paresseuse*, par Moitte. — *Les Sevreuses*, par Ch. Ingouf.
>Deux pièces.

150 — *Les Enfants surpris*, par Elluin. — *La Servante congédiée*, par Voyez.
>Deux pièces.

151 — *La bonne Education.* — *La Paix du Ménage*, gravé à l'eau-forte par Moreau, terminé par Ingouf.

152 — *Cahier de Têtes de différents caractères.* — *Costumes.*
>Neuf pièces.

153 — *Le Ménage ambulant.* — *Le Retour sur soi-même*, par Binet.
>Deux pièces.

HUET

154 — *L'Amant écouté*, par Bonnet.
>Imprimée en couleurs. Encadrée.

155 — *L'Evantail cassé*, par Bonnet.
>Imprimée en couleurs. Remargée. Encadrée.

JANINET

156 — *Intérieur du Dôme des Invalides. — Place des Victoires. — Cour du Louvre*, etc.
Neuf pièces imprimées en couleurs.

157 — *Vue de Paris.*
Dix-huit pièces différentes.

JANINET (F.)

158 — *Ninon de l'Enclos*, d'après Mignard.
Imprimée en couleurs.

JEAURAT

159 — *La Cœffeuse. — L'Enfance chimiste. — L'Eplucheuse de salade*, par Beauvarlet, Sornique et Mme Igonnet.
Trois pièces.

160 — *La Place Maubert. — Le Transport des Filles de joye à l'Hôpital. — Le Carnaval des Rues de Paris*, par Aliamot, Le Vasseur.
Trois pièces.

JEAURAT (Et.)

161 — *L'Opérateur Barri. — L'Économe. — L'Amour de la chasse. — L'Amour du vin*, par Balechou, Aubert, Surugue.
Quatre pièces.

LALLEMAND

162 — *La Cuisine Bourgeoise*, par F. Basan.
Grande marge.

LANCRET (Nicolas)

163 — *L'Adolescence*, par De Larmessin. (B. 1.)

164 — *D'un Baiser que Tirsis...*, etc., par S. Silvestre. (B. 26.)

165 — *L'Amusement du petit maître*, par de Favannes. (B. 9.)

166 — *L'Hiver*, par J.-G. Le Bas. (B. 40.)

167 — *La Soirée*, par N. de Larmessin. (B. 74.)
    1ᵉʳ état.

168 — *Le Feu*, par B. Audran. (B. 34.)

169 — *Les Oyes de frère Philippe*, par de Larmessin. (B. 56.)

170 — *Le Faucon.* (B. 32.
    Second état, sur quatre.

171 — *Les Rémois*, par de Larmessin. (B. 69.) — VLEI-GHELS, *Frère Luce*, par de Larmessin.
    Deux pièces.

172 — *On ne s'avise jamais de tout*, par de Larmessin. (B. 55.)

173 — *Le Gascon puni*, par de Larmessin. (B. 35.)
    1ᵉʳ état.

LAVREINCE

174 — *La Comparaison. — La Réponse embarrassante.*
Deux pièces, par Chapuy, imprimées en couleurs.

LE BAS

175 — *L'Amant aimé. — Colin-Maillard. — La Marchande de baignets.*
Trois pièces.

LE BRUN

176 — *Le Charme de la liberté. — La Liberté perdue*, par Martini.

> Deux pièces faisant pendants.

177 — *L'Heureux ménage*, par Martini.

178 — *L'Intrigue découverte*, par Voyzard.

LE CLERC

179 — *Le Rossignol*, par de Larmessin.

LE MESLE

180 — *Le Cuvier*, par Fillœul.

LE MOYNE (F.)

181 — *L'Amour dans l'âge d'or*, etc. — Dumesnil, *Le Recouseur de fayence*.

> Trois pièces par Cochin, Lefort, etc.

LE PRINCE (J.-B.)

182 — *Le Marchand de lunettes*, par Helman.

183 — *Le Bonheur du ménage*, par De Launay.

LE PRINCE ET LE BARBIER

184 — *L'Été. — Tête de Jeune Fille*, etc., par Demarteau. (503, 436, 536.)

> Trois pièces.

LE PRINCE (J.-B.)

185 — *Le Bonheur du ménage*, par N. de Launay.

186 — *Première suite de cris et divers marchands de Pétersbourg.*
Douze pièces.

187 — *La Jardinière. — La Musicienne.*
Deux pièces imprimées à l'imitation du lavis.

LIOTARD (J.-E.)

188 — *Une Dame de Constantinople. — Paysanne de la campagne de Rome*, par Tardieu, etc.
Trois pièces.

MIERIS (F.)

189 — *L'Observateur distrait*, par J.-G. Wille.

MONDHARD (chez)

190 — *Michu, acteur.*
Portrait ovale imprimé en couleurs.

191 — *Carlin Bertinozzi.*
Pièce imprimée en couleurs.

192 — *Les Amours pastorales. — Le Sabot cassé.*
Deux pièces faisant pendants.

MONDON LE FILS

193 — *L'Heure du matin*, par A. Aveline.
Grande marge.

MONNET

194 — *Renaud et Armide*, par Vidal.

MOREAU, LE JEUNE

195 — *Le Seigneur chez son fermier*, par Delignon (M. 360, 32.)

196 — *Les Petits Parrains*, à l'eau-forte, par Baquoy, terminé par Patas. (M. 358, 18.)

197 — *Le Lever*, par Halbou. (M. 360, 25.)

198 — *Le Pari gagné*. (M. 360, 29.)

199 — *La Course des Chevaux*, par Guttenberg. (M. 360, 28.)

Toutes marges.

200 — *Henri IV chez le meunier*, par Simonet. (M. 399.)

Légèrement épidermée.

NATOIRE (C.)

201 — *Le Printemps. — L'Été. — L'Automne et l'Hiver*.

Quatre pièces faisant suite, par Audran et Aveline.

202 — *L'Air. — La Terre*, par J.-B. Perroneau.

Deux pièces faisant pendants.

NATTIER (J.-M.)

203 — *La Force*, par Balechou. — *Madame Louise-Élisabeth de France*, par Balechou.

Deux pièces.

PATER (J.-B.-J.)

204 — *Les Aveux indiscrets*, par Fillœul.

205 — *L'Agréable société*, par Fillœul.

PETERS

206 — *L'Amour maternel*, par Corbutt.

PIERRE

207 — *Léda. — Danaé*, par Fessard.
Deux pièces faisant pendants.

QUEVERDO

208 — *L'Occasion favorable*, par Duhamel.

209 — *L'Amant fortuné. — L'Amant chéri.*
Deux pièces faisant pendants.

RAOUX (J.)

210 — *L'Enfance. — La Jeunesse*, par Moyreau.
Deux pièces. Toutes marges.

211 — *Offrande à la Vertu*, par Audouin. — Courtin,
Lorsque dans ce miroir vous consultez vos char-
mes, etc...
Trois pièces.

RAVENET (J.)

212 — *The Juggler*, d'après G.-M.
Jolie pièce, de l'École de Watteau.)

SAINT-AUBIN (Aug.)

213 — *L'Heureuse Mère*, par Sergent et Gautier.
Imprimée en couleurs.

SAINT-QUENTIN

214 — *Repos de Nymphes.*

  Gravée à l'eau-forte par F. Deschamps, terminée par
  Voyez Lainé.

215 — *Vénus endormie. — Diane endormie*, par Littret.

  Deux pièces faisant pendants.

SANTERRE

216 — *Quand le masque d'Iris cachoit ses traits di-
vins, etc. — Quoi donc, un peu de craie, etc. — Bien
mieux qu'au siècle, etc.*

  Trois pièces, par Chateau et Guclard.

SCHALL (D'après)

217 — *Paul et Virginie*, par Decourtis.

  Suite complète de six planches imprimées en couleurs.

SCHENAU

218 — *Le Repas convoité. — Le Ménage en désordre*,
par Littret et Romanet.

  Deux pièces faisant pendants.

219 — *Le Chariot renversé. — La Brouette par terre*,
par Varin.

  Deux pièces faisant pendants.

220 — *Amusements russes. — Les Intrigues amoureuses*,
par Halbon et Henriquez.

  Deux pièces.

221 — *Les premiers pas de l'Enfance. — Le Retour
désiré*, par Duflos.

  Deux pièces faisant pendants

SCHENAU

222 — *Le petit Viseur*, par Martinet. — *L'Espérance au hazard*, par N. Dupuis.

Deux pièces faisant pendants.

SECKAZ (J.-C.)

223 — *Le Chanteur en Foire*, par Romanet.

SERGENT-MARCEAU

224 — Suite de huit costumes de théâtre, en couleurs.

225 — *Marceau.*

Planche imprimée en couleurs. Légères retouches dans la gravure.

SIMON (P.)

226 — *Eve.*

Imprimée en couleurs. Grande marge.

SWEBACH-DESFONTAINE

227 — *Joseph Agr. Vialla, coupe les câbles des pontons sur la Durance*, par Descourtis.

Pièce imprimée en couleurs.

VANLOO (C.)

228 — *Le Coucher à l'Italienne.* — *Qu'il est malin, qu'il a d'appas*, etc, par R. Strange.

Deux pièces.

229 — *L'Élève dessinateur*, par Aug. Bregeon. — *Coypel, Jeune Beauté*, etc.

Deux pièces.

WATTEAU (Ant.)

230 — *Retour de Chasse (Portrait de Mme de Vertha-mon)*, par Audran (G. 18.)

231 — *Fêtes au Dieu Pan. — Qu'ay-je fait assassins maudits*, par Aubert et Comte Caylus. (G. 23 et 40.)

232 — *Enlèvement d'Europe*, par Aveline. (G. 39.)

233 — *Le Triomphe de Cérès*, par Crespy. (G. 43.)

234 — *L'Esté. — L'Hyver*, par Audran et Dubos. (G. 47 et 49.)

235 — *Camp volant*, par Cochin. (G. 52.)

236 — *Retour de campagne*, par N. Cochin. (G. 53.)

237 — *Escorte d'équipages*, par Caro. (G. 56.)

238 — *L'Alliance de la Musique et de la Comédie*, par Moyreau. (G. 63.)

239 — *La Rêveuse*, par Aveline. (G. 88.)

240 — *La Conversation*, par M. Liotard. (G. 123.)

241 — *La Mariée du village*, par C.-N. Cochin. (G. 148.)

242 — *Le Passe-Temps. — L'Ile de Cythère*, par Audran et de Larmessin. (G. 140 et 151.)
Petites déchirures.

243 — *La Surprise*, par Audran. (G. 167.)

244 — *Iris, c'est de bonne heure avoir l'air à la danse.* (G. 175.)

245 — *L'Automne. — L'Hiver*, par Audran et de Larmessin. (G. 182 et 183.)

WATTEAU (Ant.)

246 — *La Chute d'eau.* — *Vue de Vincennes*, par Moyreau et Boucher. (G. 192 et 197.)

247 — *Diverses figures chinoises*, par Boucher et Jeaurat. — *Habillements de Hou-Kouan*, par Aubert.
Douze pièces.

248 — *L'Été.* — *L'Automne.* — *L'Hiver*, par Guvot. (G. 234, 235 et 236.)
Imprimé en bistre.

249 — *Le Théâtre*, par Huquier. (G. 251.)

250 — *L'Empereur chinois.* — *Divinité chinoise*, par Huquier. (G. 274 et 275.)
Deux pièces faisant pendants.

251 — *Les Galants*, par B. Audran. (G. 276.)

252 — *Le Temple de Diane*, par Huquier (G. 279.)

253 — *La Cause badine*, par Moyreau. (G. 291.)

254 — *Le Marchand d'orvietan.* — *La Favorite de Flore*, par Moyreau. (G. 301 et 302.)
Deux pièces faisant pendants.

255 — *Vénus blessée par l'amour*, par le comte de Caylus. (G. 308.)
Ret. au burin par Aveline.

WILLE (J.-G.)

256 — *Le Maréchal-des-logis.* — *Les Délices de l'Été*, par Will et Liénard.
Deux pièces.

257 — *Le Soldat suisse.*
Très belle épreuve avant la lettre.

ILLUSTRATIONS

BINET

258 — Onze pièces pour illustrer les œuvres de Restif de
la Bretonne.

LA FONTAINE

259 — Gravures tirées des œuvres de La Fontaine, et
Portraits, quelques-uns en couleurs, par Deveria, Le
Barbier, etc.

> Quarante-trois pièces.

260 — *La Joconde,* d'après Frago. — *L'Homme entre
deux âges, et ses deux maîtresses,* par Aubert,
d'après Leclerc. — *La Jument du compère Pierre,*
par Legrand, etc.

> Huit pièces.

261 — *Les Oies du frère Philippe,* carricature coloriée.
Le Cuvier, manière noire.

> Deux pièces.

262 — *Le Cuvier.* — *Le Poirier enchanté.* — *Le Bât,*
etc., d'après Scholl, par Laindor de Toulouze.

> Cinq pièces.

263 — *La Jument du compère Pierre.* — *La Joconde.* —
Le Poirier enchanté.

> Trois pièces coloriées, par Ramberg.

264 — Fables choisies de La Fontaine.

> Quarante-trois litho. et pl. de texte, plus cinq portraits de
> La Fontaine.

265 — Trois pièces pour illustrer la parabole de l'Enfant
prodigue, une en couleurs.

PORTRAITS

ALIX (PM-.)

266 — *Honoré-Gabriel Mirabeau.*
Imprimée en couleurs.

267 — *Montaigne*, d'après Dumoustiers.
Imprimée en couleurs.

268 — *Mably. — Condillac.*
Deux pièces imprimées en couleurs.

AUDRAN (Benoit Ier)

269 — *Bignon (l'abbé J.-P.)*, d'après J. Vivien.

AUDRAN (Jean)

270 — *Chérier (Cl.). — Maréchal d'Estrées*, d'après
Tortebat et Largillière.
Deux pièces.

BALECHOU (J.-Joseph)

271 — *Grillot, abbé de Pontigny. — Rollin (Ch.)*,
d'après Autreau et Coypel.
Deux pièces.

BOLSWERT

272 — *Girard Thibaud d'Anvers, maître d'armes*,
d'après Bailly.

CARS (L.) et CATHELIN (J.)

273 — *Hozier (G.), juge d'armes. — Maupeou. — De
Moncrif et le Maréchal de Noailles.*
Quatre pièces.

CARS (L..)

274 — *Slodtz* (*S.A.*). — *Chardin* (*J.-S.*). — *Prault* (*P.*).
Trois pièces.

CHEREAU (Fr.)

275 — *Boileau Despréaux.* — *Fleury* (*cardinal*), d'après
H. Rigaud.
Deux pièces.

276 — *Gondrin* (*L.-Antoine de Pardaillan de*). — *And.
Pernot.*
Deux pièces, d'après Rigaud.

277 — *Renaudot* (*Eus.*). — *Rousseau* (*Cl.-B.*). — *Thou*
(*J.-A.*).
Trois pièces.

COCHIN (Ch.-N.)

278 — *Cayeux* (*P.*), par Lempereur. — *Cottereau*, par
Mme Lingée. — *S.-C. Broutin*, par Watelet, etc.
Cinq pièces.

COCHIN FILS (C.-N.)

279 — *Restout* (*J.*). — *D'Alembert* (*J.*). — *Boudot* (*G.-
J.*). — *Caradeuc de La Chalotais* (*L.-R.*).
Quatre pièces.

COELEMANS (J.)

280 — *Boyer* (*J.-B.*). — *Boyer* (*P.-J.*), et *un autre*,
d'après Rigaud et Celloni.
Trois pièces.

COSSIN (Louis Coquin, dit)

281 — *Solleysel (Jacques de)*, *écuyer du Roi*.
Avant la lettre.

COYPEL (C.) ET THOMASSIN

282 — *Maroulles (J. Ant. de), abbé*.
Deux portraits différents.

DAULLÉ (Jean)

283 — *Gauffecourt (Capperonnier de)*. — *Maupertuis (P.-L. de)*.
Deux pièces, d'après Nonnotte et Tournières.

284 — *Rousseau (J.-B.)*. — *Sutaine (l'abbé Pierre)*,
d'après Aved et Guillemard.
Deux pièces.

DREVET (Pierre)

285 — *Boileau Despréaux*, d'après de Piles. — *Fourcy
(l'abbé Balt. H. de)*, d'après H. Rigaud.

DREVET (Pierre-Imbert)

286 — *Bossuet (Jacques Benigne)*, d'après H. Rigaud.

287 — *Couvay (P.-N.)*. — *Le Blanc (Cl.)*, d'après Tour-
nierres et Le Prieur.
Deux pièces.

DUFLOS (Cl.)

288 — *Argenson (le Marquis de)*. — *La Meilleraye (Duc
de)*. — *Moreri (Louis)*.
Trois pièces.

EDELINCK (G.)

289 — *Furetière (Ant.). — Le Tellier. — Ch. Perrault,
etc., etc.*

    En tout, six pièces.

FICQUET ET SAVART

290 — *Bossuet. — La Mothe Le Vayer. — Crébillon
(Joliot de). — Chennevières. — Leibnitz.*

    Cinq pièces.

GAUCHER ET HUBERT

291 — *Henault (J.-Fr.). — Cossé-Brissac (J.-P. Timo-
léon de).*

    Trois pièces.

INGOUF (G.-C.)

292 — *Luynes (M.-C.-L. d'Albert, duc de). — Lorry,*
d'après Guillet et Hallé.

    Deux pièces.

LARMESSIN (Nicolas de)

293 — *Lowendal (Woldemard de). — Lamet. — Mayeur
(P.).*

    Trois pièces.

LE BEAU

294 — *Cossé (Comte de). — Choiseul (Duc de). — Maupeou (Chancelier de).*

    Trois pièces.

LENFANT (Jean)

295 — *Pajot (Aud. de).* — *Poncet (Pierre).* — *Prouville
(N. de).*
> Trois pièces.

296 — *Souvré de Courtanvaux (J. de).* — *Du Tillet (Fr.).*
> Deux pièces.

LÉPICIÉ (Bernard)

297 — *Capperonnier (Cl.).* — *Richer de Roddes.*
> Deux pièces.

MELLAN

298 — *Habert (L.).* — *Marolles (Cl. de).* — *De Mesmes.
Molé (de).*
> Quatre pièces.

MIGER (S.-C.)

299 — *Fontanieu (P.-E. de).* — *Rigoley de Juvigny
(J.-A.).* — *Fieux (M.-G.).* — *Parmard.*
> Quatre pièces.

MOITTE (P.-E.)

300 — *Chauvelin (l'abbé H.-Ph.).* — *Hénault (Ch.-J.-Fr.).*
> Deux pièces.

301 — *Beringhen (H.-C., marquis de).* — *Fouquet (Ch.-
L.-Aug. de), duc de Belle-Isle,* d'après La Tour.
> Deux pièces.

MONTAGNE (Nicolas)

302 — *Monnerot (Pierre)* (R. D. 26.) — *O'Moloy (Roger),
professeur de philosophie.* (R. D. 28.)
> Deux pièces.

MOREAU LE JEUNE (J.-M.)

303 — *La Borde (J. Baron de),* d'après Denon.

NANTEUIL (Rob.)

304 — *Amelot (Jacques)*. (R. D. 19.)

305 — *Estrées (César d')*, *cardinal*. (R. D. 92.)

306 — *Hesselin (Louis)*, *conseiller d'État*. (R. D. 109.)
— *Colbert*, d'après Nanteuil.
Deux pièces.

307 — *Le Coigneux (Président Jacques)*. (R. D. 125.)

308 — *Le Tellier (Michel)*, *chancelier*. (R. D. 132.) —
Mazarin (Jules, cardinal de). (R. D. 178.)

309 — *Mesme (le président Jean-Ant. de)*. (R. D. 192.)
Nesmond (président Fr.-Th. de) (R. D. 201.)

310 — *Novion (Nicolas Potier de)*, *magistrat*. (R. D.
207.) — *Payen Deslandes (Pierre)*, *abbé*. (R. D. 210.)

311 — *Sarrazin (Jean-Fr.)*, *poète*. (R. D. 220.)

312 — *Scudery (Georges de)*, *de l'Académie Française*.
(R. D. 221.) — *Séguier de Saint-Brisson (P.)*, *prévôt
de Paris*. (R. D. 224.)

PETIT (Gilles-Edme)

313 — *Gesvre (J.-Fr.-B. de Potier, duc de)*. — *Maurepas
(J.-Fr. Phelypeaux, comte de)*.
Deux pièces, d'après Vanloo.

314 — *Titon du Tillet*. — *Lowendal (Woldemar de)*. —
Maupeou (R.-C. de).
Trois pièces.

PICART (El.) et N. PITAU

315 — *Briou (Cl. de)*. — *Fabvier du Boulay (Jac.)*,
maître des requêtes.
Deux pièces.

POILLY (N.)

3 16 — *Parfaict (Nic.), abbé. — Potier (René), duc de Tresme. — Tubeuf (le président J.).*
  Trois pièces.

RAVENET

3 17 — *Bullion (An.-J. de), marquis de Farvaques,* d'après Vanloo.

ROULLET (J.-L..)

3 18 — *Beringhen (J.-L.., marquis de),* d'après Mignard.

3 19 — *Chaillou de Thoisy (J.), docteur en Sorbonne. — Clément (Hilaire), procureur au Parlement.*
  Deux pièces.

SAINT-AUBIN (Aug. de)

3 20 — *Blanchard (F.-J.-A.), maître de musique. — Brosses (Ch. de), président. — Coustou (G.); sculpteur. — Gauzarges (C. . — Helvetius C.-A.).*
  Cinq pièces.

3 21 — *Linguet (S.-N.-H.). — Monet. — Montalembert (M. R. de). — Pommier (l'abbé).*
  Cinq pièces.

SCHMIDT (G.-F.)

3 22 — *Maurice Quentin de La Tour,* d'après lui-même.

LA TOUR

3 23 — *Maurice Quantin (de),* d'après lui-même, par G.-F. Schmidt.

SERGENT

324 — *Cossé Brissac (Ch. de), maréchal de France. —
Le Maréchal de Brissac distribue la dot de sa fille,*
en couleurs.

Deux pièces.

THOMASSIN (Simon)

325 — *Auzanet (B.). — Bignon (J.-P.),* d'après Rigaud.
— *Mesmes (J.-A. de),* d'après de Troyes.

Trois pièces.

THOMASSIN et TROUVAIN

326 — *Fleury (And.-H., cardinal de),* d'après Rigaud.
— *Buc (Dom A. du),* d'après Simon.

Deux pièces.

VERMEULEN (Cor. M.)

327 — *Boyer (J.-B.). — Haslé (L.), docteur en Sorbonne. — Jaillot (A.-H., géographe*

Trois pièces.

VERMEULEN (C.-N.)

328 — *Letellier (L.-Fr.), marquis de Barbezieux,* d'après
Mignard.

WILLE (J.-G.)

329 — *Saxe (Maurice de), maréchal de France,* d'après
Rigaud.

330 — *Fouquet de Belle-Isle (Ch.-L.-Aug.), maréchal de
France,* d'après Rigaud.

YOUNG (J.)

331 — *Delille (Jacques)*, manière noire, d'après J.-L. Monnier.

332 — *Baudran (Mich.-Ant.)*, par Landry. — *Lemoine (Alf.)*, par Gautrel. — *Perrault (Ch.)*, d'après Le Brun. — *Tourreil (J. de)*, par **N**. Edelinck.
Quatre pièces.

333 — *Belidor*, par Maleuvre. — *Olivet (l'abbé d')*, par Le Vasseur. — *Le Président Henault*, par Voyez, etc.
Sept pièces.

334 — *Bossuet*, par Pauquet, 1er état, eau-forte. — *Prevost (l'abbé)*. — *Comte de Saint-Germain*. — *Boileau, Despreaux*.
Quatre pièces.

335 — *Boyceau (J.)*, intendant des jardins du roi. — *Pasquier (Et.)*, avocat, par J. Isaac. — *Secousse (J.-L.)*, par Loir. — *Marc de Wilson*, d'après Nanteuil, etc.
Six pièces.

336 — *Choiseul Gouffier*, par Dieu, avant la lettre. — *Bernardin de Saint-Pierre*. — *Maréchal de Richelieu*, par Vangelisti, etc.
Cinq pièces.

337 — *Colbert (J.-B.)*, par Ridé. — *Carcado de Nolac*, par Ridé. — *Ducis (J.-F.)*, par Pradier. — *Sartine*, par Littret, etc.
Huit pièces dont deux imprimées en couleurs.

338 — *Ducis* (*M.*), par Avril. — *Meilhan* (*Gab.-S. de*), par Bervic. — *Jacquier* (*Ant.*), par Beisson. — *Boileau*, par Charon.

> Quatre pièces.

339 — *Joly de Fleury* (*G.-F.*), par Gaillard. — *La Harpe* (*J.-E. de*), par Huot. — *Ogier* (*J.-F.*), par Laurent. — *Diderot*, par Henriquez, etc.

> Six pièces.

340 — *Mesme* (*de*), *comte d'Avaux*, par Quiter. — *Gros Debsze* (*Cl.*), par Bouys.

> Deux pièces à la manière noire.

341 — *Mesmes* (*Cl. de*). — *Maupeou* (*A. de*), *chancelier*. — *Mabilleau* (*U.-A.*). — *Lamartine*. — *Davila*, *historien*.

> Cinq pièces.

342 — *Miromesnil* (*A.-Th. Hue, Marquis de*). — *Chanlatte* (*Nic.*), par Duchesne. — *Phelippeaux*, par Fessard.

> Trois pièces.

343 — *Noailles* (*A.-J., Duc de*), par Schenck.—*Mesnager* (*Nic.*), par Simonneau. — *L'Hôpital* (*Chancelier*), par Marcenay de Ghuy. — *Chevalier de Pancey*, par Fruytiers.

> Quatre pièces.

344 — *Poullain de Sainte-Foix*, par Le Mire. — *Freron* (*E.-C.*), par Hubert.— *Radix* (*J.-L.*), par Demarteau. — *Luynes* (*le Duc de*), par Le Seur, etc.

> Six pièces.

345 — *Vendôme (César, Duc de), grand Amiral de France*, par Grignon. — *Chassebras (Gab.)*, par Lombart. — *Boileau Despréaux.* — *Le Camus (Nic.)*, par Tardieu.

Quatre pièces.

346 — *Louis XVI et Marie-Antoinette*, portraits coloriés par Cruikshank.

Deux pièces. Rare.

347 — *Louis XVI.* — *Séparation de Louis XVI et de Marie-Antoinette au Temple.* — *Marie-Thérèse-Charlotte*, etc.

Douze pièces.

348 — *Louis XVI* (Testament de). — *Portrait de Louis XVI*, par Schinker, d'après Bosse, etc.

Dix-sept pièces.

349 — *Louis XVI.* — *Sacre et Couronnement de Louis XVI à Reims, le 11 juin 1775*, gravé par Patas.

Quarante-deux pièces.

350 — *Cagliostro (Comte de).* — *Mlle Leguet-d'Ésigny et autres personnages ayant trait à l'affaire du Collier.*

Quinze pièces.

351 — *Collier.* — Représentation exacte du grand collier en brillants des sieurs Bœhmer et Bassage, etc.

A toutes marges.

352 — Lot de vingt portraits différents.

353 — Quinze portraits différents. (Ces lots pourront être divisés.)

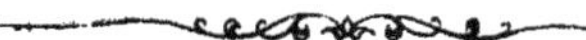